RAPPORT

A Messieurs Alphonse GRANDVAL, Jules-Ch. ROUX, Henry PASCAL, J.-M. DONY, Honoré ROSSOLIN, Georges BUBATON, Eugéne VELTEN, Ernest MARTIN, Marius RICOUX, Alfred CHAILAN.

Marseille, le 16 avril 1881.

MESSIEURS,

Par votre lettre du 15 janvier dernier, vous avez bien voulu vous joindre à nous, pour solliciter auprès du Gouvernement égyptien la concession du monopole des sels. Nous venons aujourd'hui vous rendre compte de nos démarches.

Dès notre arrivée en Egypte, nous nous sommes trouvés en présence de difficultés aussi graves qu'imprévues. Lorsque, en effet, nous vous avions soumis notre projet d'exploitation du monopole des sels, nous étions possesseurs de deux cahiers des charges élaborés au ministère des Finances, en vue de la mise en adjudication de ce monopole. Nous avons donc été très-étonnés d'entendre M. de Blignières nous dire, à notre première entrevue : que le monopole des sels en Egypte n'était qu'une plaisanterie ; qu'il y avait du sel partout, et que, par conséquent, les habitants n'avaient pas besoin d'en acheter ; qu'il avait acquis la preuve que les 118,000 livres produites par la vente du sel, pendant l'année 1880, provenaient de la pression exercée sur les fellahs qui, accoutumés à l'impôt de capitation, avaient payé sans protester, parce que les récoltes avaient été abondantes ; mais, que le jour où il ne pourraient plus payer, la vente du sel ne rapporterait pas au Trésor 20,000 livres par an ; qu'en l'état il avait amené les ministres à renoncer à leur projet de mettre en adjudication le monopole des sels, afin qu'une Compagnie concessionnaire, dont la ruine aurait été infaillible, ne pût pas lui reprocher plus tard de s'être fait, par son silence, le complice du Gouvernement égyptien.

Nous nous serions laissés peut-être ébranler par ce raisonnement, si nous n'avions su déjà depuis longtemps que, quoique l'Egypte produise annuellement d'énormes quantités de sel, il ne s'en forme que dans les lacs ou étangs salés situés sur les bords de la Méditerranée, d'Alexandrie à Port-Saïd ; que, même dans les lacs amers, à cause de leur communication par le canal avec la mer Rouge, il ne reste plus qu'une très-petite quatité de sel, et que, par conséquent, les habitants de l'Egypte ne peuvent avoir du sel qu'à la condition de l'acheter dans les magasins de l'Etat ou de se le procurer par la contrebande. De plus, le budget établissait que sur les 118,000 livres représentant le produit de la vente du sel, il y avait lieu de défalquer 38,000 livres *pour frais de ramassage et de transport du sel, commission de ventes et gardes des salines.* Donc, puisque les fellahs trouvaient du sel partout, qu'ils payaient l'impôt sans demander l'équivalent en sel, il nous paraissait extraordinaire qu'on grevât le budget de 38,000 livres, pour ramasser et transporter le sel ainsi que pour garder les salines.

Nous étions étonnés surtout que M. de Blignières, qui avait conseillé au Gouvernement égyptien, dans l'intérêt des futurs concessionnaires, de renoncer à l'idée d'adjudication du monopole des sels, n'eût pas songé, en sa qualité de contrôleur des Finances égyptiennes, à conseiller aux ministres, dans l'intérêt du Trésor, de renoncer à grever le budget de 38,000 livres de frais tout à fait inutiles. La sollicitude de M. de Blignières pour nos intérêts paraissait cependant augmenter à chaque entrevue, à tel point qu'il nous déclara, un jour. qu'il ne comprenait pas que des gens sérieux pussent ainsi obstinément aller au-devant d'une ruine certaine ; que, quant à lui, il croirait charger sa conscience s'il ne faisait pas tout pour nous en empêcher.

C'est alors que nous crûmes devoir lui adresser la lettre du 4 février, par laquelle nous lui exposions le peu de fondement de ses craintes et les avantages certains que notre Compagnie retirerait de la concession du monopole. Deux jours après, nous communiquions à M. de Blignières la demande officielle de concession que nous allions remettre à S. E. Riaz-Pacha, ministre des Finances et président du Conseil. M. de Blignières nous avait promis, sur notre instance, de nous accompagner chez Riaz-Pacha ; mais, ne l'ayant pas trouvé au rendez-vous qu'il nous avait fixé, nous dûmes nous présenter seuls chez le Ministre. Son Excellence nous reçut d'une façon très-affable et nous promit d'étudier sérieusement nos propositions. Nous fûmes donc très-surpris, lorsque, le lendemain, on nous apprit confidentiellement que l'ordre venait d'être donné, par Riaz-Pacha, de nous adresser une lettre contenant un refus formel à notre demande. Nous allâmes immédiatement trouver M. de Blignières, afin d'obtenir quelques explications et savoir pourquoi, contrairement à tous les précédents, une demande faite par une Compagnie sérieuse et présentant de grands avantages, tant au point de vue des intérèts nationaux français qu'au point de vue des intérêts du Gouvernement égyptien, avait été écartée sans avoir été soumise au Conseil des ministres et sans que les contrôleurs européens eussent été appelés à donner leur avis.

M. de Blignières nous répondit : que, quant à lui, il ne pouvait se charger de défendre nos propositions auprès du Gouvernement égyptien ; qu'en effet, notre système de redevance proportionnelle, au lieu d'offrir un avantage immédiat pour le Trésor, constituait, au contraire, une diminution sur les recettes actuelles ; que l'augmentation de consommation que nous prévoyions n'était nullement certaine ; que les bénéfices que l'exportation devait donner étaient tout à fait aléatoires ; qu'enfin, nous n'offrions pas même un minimum fixe de redevance, pouvant servir de garantie au Gouvernement et en même temps de base pour l'établissement du budget.

C'est alors que nous avons demandé l'autorisation d'offrir une redevance fixe de fr. 1,000,000, et que vous nous avez adressé le télégramme du 25 février que nous nous sommes empressés de communiquer à M. de Blignières. Nous espérions arriver ainsi à faire taire ses scrupules au sujet des intérêts du Trésor égyptien, car il nous avait déclaré maintes fois, et il avait écrit à un de nos amis, que, le jour où le Gouvernement n'emploierait plus des moyens inavouables pour grossir le rendement du sel, cet impôt ne produirait pas normalement plus de 500,000 francs par an. De plus, quoique dans notre demande nous eussions établi la redevance proportionnelle à payer à raison de fr. 2,500,000 pour une consommation de 25,000 tonnes, nous avions assez clairement laissé comprendre à M. de Blignières que, si cela était nécessaire, nous baserions la redevance sur une consommation de 20,000 tonnes, au lieu de 25,000. De la sorte, le Gouvernement, qui avait encaissé une somme nette de 2,000,000 de francs pendant l'année 1880, pour une consommation de 16,000 tonnes, recevrait de nous la même somme pour la même quantité de sel vendue. Par conséquent, non-seulement le Trésor n'éprouverait pas une perte immédiate en nous cédant le monopole du sel, mais il y trouverait les avantages suivants :

1° Augmentation des recettes actuelles, car la consommation aurait certainement augmenté, du moment où nous aurions livré au même prix du très-beau sel en remplacement du sel impur et déliquescent qu'on livrait actuellement. Ainsi, pendant l'année 1880, le Gouvernement n'a pas vendu une seule tonne de sel fin, alors qu'il est de notoriété publique que dans les villes de la basse Égypte, on consomme plus de 3,000 tonnes de sel fin provenant de la Sardaigne et de l'Angleterre. En admettant que nos procédés de fabrication n'eussent fait que paralyser la contrebande du sel venant du dehors, cela seul aurait procuré au Trésor une augmentation de recettes de 375,000 francs.

2° L'exportation, à raison de 1 franc par tonne de sel exportée, aurait pu produire de 150 à 250,000 francs.

3° Augmentation du travail national et des droits de douane, à l'entrée et à la sortie, par le mouvement d'exportation du sel.

4° Enfin, l'abandon gratuit de nos salines artificielles, à l'expiration de la concession, aurait permis au Gouvernement soit de profiter des bénéfices que nous aurions eus nous-mêmes pendant l'exploitation, en prenant notre lieu et place, soit de concéder à nouveau l'exploitation du monopole dans des conditions plus avantageuses.

Ne pouvant nier l'évidence des avantages considérables que le Trésor retirerait de cette proposition, M. de Blignières s'est alors rejeté dans une exception nouvelle. Il nous a dit : que, grâce à l'immixtion constante des consuls dans les affaires de l'Egypte, le Gouvernement devenait chaque jour plus ombrageux, et qu'il lui paraissait décidé à ne pas supporter plus longtemps l'empiétement des européens dans les affaires indigènes ; qu'il ne voudrait, par conséquent, à aucun prix, se dessaisir d'un monopole qui permettrait à une Société française d'établir une administration étrangère rayonnant sur tout le territoire égyptien et d'acquérir ainsi une énorme influence ; que, quant à lui, n'ayant pas même voix délibérative au Conseil des ministres, il ne consentirait jamais à présenter une proposition dont l'insuccès lui paraissait certain.

M. de Ring venait d'être appelé en France pour donner des explications sur les événements qui s'étaient passés en Egypte. L'appui que nous avions trouvé dans la personne de notre consul général nous faisait donc subitement défaut. Nous résolûmes alors, en présence de la résistance opiniâtre de M. de Blignières, d'en référer à des amis dont le concours pouvait nous être très-utile, et, pour utiliser nos loisirs, nous partîmes pour Suez, afin de visiter les salines qui, d'Ismaïlia à la mer Rouge, se trouvent disséminées sur les bords du canal maritime.

Notre voyage n'a duré que treize jours ; mais, pendant cet espace de temps, il nous a été permis de nous livrer à une étude approfondie des localités que nous avons parcourues, et nous allons vous faire part du résultat de nos observations.

Nous avons eu la bonne fortune de trouver à Ismaïlia M. Lemasson, ingénieur en chef de la Compagnie du canal maritime de Suez, auquel nous avions été particulièrement recommandés. Il s'est mis entièrement à notre disposition ; sa connaissance approfondie des localités environnantes lui a permis de nous donner des renseignements précieux qui ont beaucoup servi à nos études. Cet ingénieur avait été frappé depuis longtemps par l'aspect des lagunes qui, de Suez, s'étendent sur une longueur de plus d'un kilomètre entre le canal maritime et le canal d'eau douce. Soit par esprit de recherche, soit par tout autre motif, il avait déjà étudié le parti que l'on pourrait retirer de cette plage immense, de nature presque entièrement argileuse, en y établissant des salines. Il avait notamment constaté : 1° que, sur les bords de la mer Rouge, l'eau avait, d'après l'aréomètre Beaumé, 4°,5 ; 2° que, du mois de mars au mois d'octobre, la quantité d'eau de pluie qui tombait était insignifiante et que la température moyenne était de 37° à 40° centigrades ; 3° que l'évaporation, du mois de mars au mois de septembre, était si active (4 millimètres par jour), que l'on produirait, l'opération étant bien conduite, une couche de sel presque triple de celle que l'on récolte en France ; en admettant qu'elle fût seulement double, on peut, en procédant par voie de comparaison, prévoir les résultats suivants: en Provence, 400 hectares de salins donnent 100,000 tonnes de sel ; à Suez, il suffira de 200 hectares pour produire la même quantité ; 4° que la marée s'élevait à une hauteur de 1ᵐ à 1ᵐ,30 et qu'elle couvrait, entre le canal maritime et le canal d'eau douce, une surface utilisable d'environ 1,000 hectares.

Notre première occupation, en arrivant à Suez, a donc été de parcourir l'emplacement sur lequel des salines pouvait être avantageusement établies, et nous avons constaté : que le sol, par sa nature argileuse, serait très-propice à la fabrication du sel ; que la plage, à partir de l'ancien port de Suez, avait une pente presque régulière qui, en moyenne, ne dépassait pas 0,005 par mètre ; et que les travaux de nivellement seraient peu considérables. La marée se chargeant elle-même d'amener les eaux dans les chauffoirs, l'établissement d'une saline consistait uniquement dans le nivellement du sol.

Etant données les conditions particulières dans lesquelles nous nous trouvions, nous avons établi nos calculs de la manière suivante, pour une saline de 200 hectares pouvant produire 100,000 tonnes de sel :

Nivellement du sol et établissement des queirels, à 200 francs par hectare, soit.. Fr.   40.000   »

Batiment du personnel.................................   25.000   »

Mobilier et matériel d'exploitation, y compris une chaloupe à vapeur et quatre chalands............................   55.000   »

Construction d'une digue ayant 10ᵐ à la base, 6ᵐ à la surface et 2ᵐ de hauteur, sur 1 kilomètre d'étendue, pour fermer les lagunes, à 1 fr. 50 par mètre cube..............   240.000   »

Total................... Fr.   360.000   »

La marée se chargeant elle-même d'amener l'eau dans les salines, nous n'avions plus besoin d'une pompe et d'une machine à vapeur. Les frais de fabrication de sel se réduiraient donc au simple ramassage et au transport.

D'après nos renseignements, ces frais auraient été un peu moindres qu'en France, savoir :

Frais de ramassage 1 fr. 25 par tonne, au lieu de 1 fr. 45 comme paie la Compagnie des Salins du Midi..................................... Fr. 1 25

Entretien des salines et personnel à demeure..................... 1 50

Frais de mise sur les chalands 1 fr., au lieu de 1 fr. 15.......... 1 »

———

3 75

En ajoutant 0 fr. 15 par tonne, pour perte par déchet........... » 15

Cela nous aurait donné, comme prix de revient, pour la fabrication, la somme de 3 francs 80 par tonne............................ Fr. 3 80

———

Le sel fabriqué dans les salines de Suez ne pouvant avoir d'autre débouché que l'exportation, nous avons dû nous préoccuper des frais de transport sur les navires.

La distance des lagunes au port de Suez est d'environ quatre kilomètres. Le transport du sel et son transbordement peut être fait à 1 fr. 50 par tonne. De sorte que le prix du revient du sel, franco bord, serait seulement, pour la Compagnie, de 5 fr. 30 par tonne.

Etant donnée la construction d'une saline à Suez, dans les conditions que nous venons d'indiquer, nous allons examiner les résultats que cette opération serait susceptible de produire.

La France, l'Italie, l'Espagne et le Portugal exportent dans les Indes et le golfe Persique d'assez grandes quantités de sel.

L'Angleterre, seule, exporte 250,000 tonnes. On peut donc évaluer l'exportation totale de 450 à 500,000 tonnes. Il est incontestable qu'aucun pays producteur d'Europe ne peut fabriquer le sel et le transporter dans l'extrême Orient aux mêmes conditions qu'une saline établie à Suez, à cause des droits de transit du canal maritime qui sont actuellement de 12 francs par tonne et qui, conformément à la décision rendue en 1873 par la Commission internationale réunie à Constantinople, resteront définitivement fixés à 10 francs, lorsque le montant des recettes aura atteint pendant une année la somme de 26,000,000 de francs.

Les sels provenant des salines de Suez auront donc toujours, sur les marchés de l'extrême Orient, un avantage minimum de 10 francs par tonne sur les sels expédiés des salines d'Europe. Une administration intelligente pourrait d'autant plus facilement assurer un écoulement rapide et considérable à ses produits, qu'en admettant même qu'elle ne vendît le sel, dans le port de Suez, qu'à 15 francs la tonne, c'est-à-dire le prix minimum que la Compagnie des Salins du Midi fait payer dans le port de Marseille, elle serait encore assurée d'un bénéfice de 10 francs par tonne, soit de 1,000,000 de francs par 100,000 tonnes.

Or, le capital engagé n'étant que 360,000 francs, auquel il faudrait ajouter environ 140,000 francs de fonds de roulement, pour avoir toujours une certaine quantité de sel sur les salines, cela représenterait encore un placement au 200 p. 0/0.

Nos diverses visites au lac Mariout, situé dans les environs d'Alexandrie nous ont permis d'y faire des observations encore plus intéressantes. Il s'agissait, en effet, d'étudier, dans cette partie de l'Egypte, l'établissement de salines au double point de vue de la consommation et de l'exportation. Toute la partie de cet immense lac située au sud-est d'Alexandrie est impropre à la fabrication du sel, à cause des nombreux canaux d'arrosage qui viennent y déverser leurs eaux. Mais la partie ouest, séparée de la précédente par la chaussée du chemin de fer allant d'Alexandrie à l'ancien palais du Vice-Roi est éminemment propice à cette industrie. Dans cette partie du lac, dont la profondeur varie de 25 à 75 centimètres, la densité de l'eau était, le 27 janvier dernier, de 15° ; et de 21°, le 26 mars. L'évaporation y est si rapide qu'au mois de mai tous les bords de l'étang y sont transformés en une immense nappe de sel d'une blancheur irréprochable. Il suffirait donc, pour y récolter d'énormes quantités de sel, de transformer par des jetées en terre les bords de l'étang en tables salantes, dans lesquelles, du mois d'avril au mois de septembre, on ferait presque journellement déposer la quantité de sel que l'on voudrait.

Là, cependant, au point de vue des transports, on se trouverait moins bien placés qu'à Suez, à moins qu'on pût utiliser le chemin de fer dont nous avons parlé ci-dessus, qui est en parfait état, et qui, à un kilomètre environ d'Alexandrie, se raccorde au chemin de fer du Caire. Le prix des transports pourrait, dans ce cas, faire l'objet d'une entente avec l'administration des chemins de fer égyptiens dont les tarifs, actuellement, sont de 5 centimes par tonne et par kilomètre. Dans le cas contraire, il y aurait lieu de procéder, pour le sel destiné à la consommation de l'intérieur, comme pour ceux destinés à l'exportation, à un double transbordement. Ainsi, pour le sel qui sera embarqué à Alexandrie, il sera nécessaire de le transporter par charrettes jusque sur les quais et de le rendre à bord au moyen de chattes.

Les frais, dans ce cas, seront les suivants :

Transport de la saline à Alexandrie, 7 kilomètres, y compris le débarquement sur des chattes, par tonne... Fr. 1 50
Transport sur chattes et mise à bord.............................. 2 »
                                                                    ————
                                                                    Fr. 3 50

A ces frais, il faut ajouter :

Ramassage du sel... 1 25
Mise en sac, pesage et mise sur charrettes..................... 1 »
Entretien des salines et frais d'exploitation................. 1 85
Déchet de route et autre...................................... 0 15
                                                             ————
                                            TOTAL......... Fr. 7 75

Le prix de revient du sel à bord des navires sera donc de 7 fr. 75, que l'on pourra vendre facilement 14 francs la tonne, soit avec un bénéfice de 6 fr. 25.

La saline du Mex pourrait donner d'assez beaux résultats pour la vente du sel à l'exportation, car les navires américains venant à Alexandrie avec un chargement de pétrole ne trouvent pas de fret de retour. Il en est de même pour les navires, moins nombreux il est vrai, qui viennent des ports de la Suède et de la Norwège, chargés de bois. Ainsi, le fret d'Alexandrie à New-Yorck n'est que de 10 schellings par tonne et de 12 schellings pour les ports de la Baltique, ce qui permet de vendre le sel, dans ces divers pays, à un prix de revient sinon inférieur, au moins égal à celui de toute autre provenance.

Les frais d'établissement de salines au Mex seraient bien certainement moindres que ceux des salines de Suez ; car, ici, les chauffoirs ne seraient pas nécessaires, il suffirait d'établir des tables salantes et de construire des digues en terre de 1ᵐ,50 d'épaisseur sur 1ᵐ de hauteur. Quelques rigoles suffiraient pour l'écoulement des eaux.

Donc, en admettant une saline de 125 hectares pouvant produire au minimum 75,000 tonnes de sel, nous avons établi les frais d'installation comme suit :

Bâtiment du personnel...	Fr. 30.000	»
Constructions des digues et des rigoles.................	170.000	»
Mobilier et matériel industriel, y compris deux chalands.	25.000	»
TOTAL........... Fr.	225.000	»

A cette somme il faudrait ajouter environ 125,000 fr. pour fonds de roulement.

Les bénéfices produits par cette saline ne peuvent être évalués de la même manière que ceux produits par la saline de Suez. En effet, sur les 75,000 tonnes de sel fabriqué, 60,000 environ serait destinées à l'exportation, 15,000 seulement à la consommation.

Pour les 60,000 tonnes de sel exportées, les calculs ci-dessus permettent d'évaluer les bénéfices à 6 fr. 25 par tonne, soit à 375,000 francs environ, ci.. Fr. 375.000 »

Quant aux 15,000 tonnes livrées à la consommation, si le Gouvernement acceptait notre proposition de redevance de 1 fr. 25 par tonne, avec droit de vente au prix de 0 fr. 26 l'oke, fixé par le décret du 31 décembre 1879, elles représenteraient un bénéfice brut de 75 francs par tonne, desquels

A reporter... Fr. 375.000 »

Report ..... Fr. 375.000 »

il faut défalquer, pour frais de fabrication et de transport
à Alexandrie .... Fr. 7 75

    Transport moyen d'Alexandrie aux magasins
de l'intérieur 12 50

    Droits de commission à payer aux agents
chargés de la vente, par tonne .... 10 »

Total .... Fr. 30 25

Ce qui donnerait un bénéfice net de 44 fr. 75 par tonne,
soit, pour 15,000 tonnes, de 671,000 francs, ci .... 671.000 »

Total .... Fr. 1.046.000 »

Mais, pour atteindre ce résultat, il faudrait que nos proportions relatives à la
concession du monopole du sel pour les ventes à l'intérieur fussent acceptées par le
Gouvernement égyptien, dans les termes dans lesquels nous avons exposé notre
projet ; or, en ce moment, il ne nous est pas permis d'espérer qu'il en sera ainsi.
Mais, voici les modifications que les circonstances pourraient peut-être amener.

A notre retour de Suez, M. de Blignières, dont les intentions à notre égard
paraissaient être devenues plus bienveillantes, nous proposa de renoncer à l'idée
du monopole de la fabrication et de la vente du sel à l'intérieur, et, tout en
conservant le monopole de l'exportation, de nous charger de la fabrication, pour
le compte du Gouvernement égyptien, du sel nécessaire à la consommation. Il
nous indiqua la quantité minimum de 16,000 tonnes comme devant servir de
base à nos traités, pour une durée de trente années. Après quelques hésitations,
nous finîmes par entrer dans cette nouvelle voie, et nous acceptâmes, mais sans
engagement écrit, à fabriquer annuellement, pour le compte du Gouvernement
égyptien, une quantité minimum de 16,000 tonnes, dont 14,000 tonnes de sel
ordinaire, au prix de 20 francs la tonne ; et 2,000 tonnes de sel fin, au prix de
70 francs, livraisons à faire sur les salines.

Sans doute, cette combinaison réduisait considérablement les prévisions pre-
mières, mais elle nous permettait d'abord de nous emparer du monopole du sel
pour l'exportation pendant une durée de trente années, et elle nous assurait le
privilége, pendant le même laps de temps, de la fabrication pour la consommation
intérieure, tout en nous laissant les bénéfices suivants :

16 francs par tonne sur 14,000 tonnes .... Fr. 224.000 »
60 francs par tonne sur 2,000 tonnes .... 120.000 »

Total .... Fr. 344.000 »

M. de Blignières nous avait promis, dans ces conditions, son appui le plus énergique, et, il avait même ajouté qu'il espérait pouvoir compter sur un résultat favorable ; malheureusement, nous dûmes, au bout de quelques jours, renoncer encore à cette dernière espérance. Soit que M. de Blignières eût une arrière-pensée en nous faisant cette proposition, soit que, en réalité, le Contrôleur français en Egypte ait perdu toute influence, il est certain qu'après nous avoir vivement engagé à accepter une idée qui lui était personnelle, M. de Blignières n'a jamais osé la proposer au Ministre des Finances. Le jour qu'il devait venir avec nous pour la discuter avec Riaz–Pacha, il n'a pas paru au ministère et il nous a fait dire, par son secrétaire général, que nous pouvions aller voir seuls le Ministre ; c'est ce que nous avons fait et Son Excellence nous a déclaré que M. de Blignières ne lui avait pas parlé de notre proposition ; mais que, l'eût–il fait, il était bien décidé, en ce moment, à ne s'occuper d'aucune question relative à la concession du monopole des sels.

En présence de cette réponse catégorique et du peu d'appui que nous trouvions auprès du Contrôleur général français, nous avons quitté l'Egypte.

Nous ne sommes pas découragés par le peu de résultats de nos démarches. Notre insuccès ne nous paraît devoir être que momentané ; car, en définitive, le Gouvernement égyptien n'a aucun intérêt à conserver l'exploitation du monopole des sels.

Quant à vous, Messieurs, vous pouvez aujourd'hui, par les renseignements que nous avons l'honneur de vous soumettre, vous rendre un compte exact de la valeur de l'affaire à laquelle vous avez bien voulu prêter votre concours.

Nous vous prions de nous le maintenir, si vous jugez, comme nous, que cette affaire mérite qu'on tente encore quelques efforts pour arriver, si c'est possible, à une réussite.

Signé : BLONDEL,
BERNARD.

Marseille. — Typographie Marius Olive, rue Sainte, 39.